AF119228

BEI GRIN MACHT SICH IHR WISSEN BEZAHLT

- Wir veröffentlichen Ihre Hausarbeit, Bachelor- und Masterarbeit

- Ihr eigenes eBook und Buch - weltweit in allen wichtigen Shops

- Verdienen Sie an jedem Verkauf

Jetzt bei www.GRIN.com hochladen und kostenlos publizieren

Bibliografische Information der Deutschen Nationalbibliothek:

Die Deutsche Bibliothek verzeichnet diese Publikation in der Deutschen National-bibliografie; detaillierte bibliografische Daten sind im Internet über http://dnb.d-nb.de/ abrufbar.

Impressum:

Copyright © 2006 GRIN Verlag, Open Publishing GmbH
Druck und Bindung: Books on Demand GmbH, Norderstedt Germany
ISBN: 9783640492602

Dieses Buch bei GRIN:

http://www.grin.com/de/e-book/141778/demokratie-und-gerichtliche-kontrolle

Thomas Stuhlfauth

Demokratie und gerichtliche Kontrolle

GRIN Verlag

Demokratie und gerichtliche Kontrolle

I. Begriff der Demokratie

Das demokratische Prinzip ist nach weltweit vorherrschendem Verständnis das Kennzeichen eines jeden modernen Staates. So ist die Demokratie auch mehrfach im Grundgesetz für die Bundesrepublik Deutschland verankert. Als tragender Grundsatz der Verfassung ist das Demokratieprinzip dabei der Möglichkeit einer Verfassungsänderung entzogen[1]. Nach Art. 20 Abs. 1 GG ist die Bundesrepublik Deutschland ein demokratischer Staat. Konkretisiert wird diese Aussage vor allem im zweiten Absatz der gleichen Verfassungsbestimmung. Darin heißt es: „Alle Staatsgewalt geht vom Volke aus. Sie wird vom Volke in Wahlen und Abstimmungen und durch besondere Organe der Gesetzgebung, der vollziehenden Gewalt und der Rechtsprechung ausgeübt". Demokratie kann in einem Staatswesen von der Größe Deutschlands nicht uneingeschränkt als unmittelbare Herrschaft des Volkes verstanden werden. Auch wenn Demokratie mit der Identität von Herrschenden und Beherrschten umschrieben wird, schließt das nicht aus, bei der Ausübung staatlicher Gewalt Repräsentanten einzusetzen. Entscheidend ist, dass sich jede staatliche Willensäußerung auf den souveränen Volkswillen zurückführen lässt. Jede staatliche Entscheidung muss entweder unmittelbar oder

---

[1] Art. 79 Abs. 3 GG.

mittelbar – im Wege einer so genannten Legitimationskette – demokratisch legitimiert sein. Das Grundgesetz hat sich explizit für eine Form der repräsentativen Demokratie ausgesprochen, deren theoretische Grundlage eben darin besteht, dass sich die Inhaberschaft der Staatsgewalt, die in einer Demokratie immer beim Volk liegen muss, von der Ausübung der Staatsgewalt, die auf Staatsorgane delegiert werden kann, ohne weiteres trennen lässt[2]. In erster Linie repräsentiert das mit direkt vom Volke gewählten Abgeordneten besetzte Parlament, der Bundestag, den Volkswillen. Von einer echten demokratischen Repräsentation kann aber nur gesprochen werden, wenn den Staatsbürgern eine wirksame, freie und dem Gleichheitssatz genügende Einflussnahme auf ihr Repräsentativorgan möglich ist. Andernfalls würden der Begriff der Repräsentation zur leeren Hülse und die Herrschaft der vermeintlichen Volksvertreter illegitim. Die entscheidende Einflussgröße des Staatsvolks gegenüber dem Parlament und den Organen, die ihre Staatsgewalt vom Parlament ableiten, besteht in den regelmäßig wiederkehrenden Wahlen. Eine repräsentative Demokratie setzt voraus, dass Herrschaft lediglich Herrschaft auf Zeit ist, dass die Chance der Minderheit besteht, einmal Mehrheit zu werden. Eine von Fairness und Sachlichkeit ge-

---

[2] Vgl. Heinrich A. Wolff, Das Verhältnis von Rechtsstaats- und Demokratieprinzip, 1998, S. 15.

prägte Übergabe der Regierungsgeschäfte kann daher als Ausweis der Qualität der demokratischen Kultur in einem Lande gelten.

II. Begrenzung des Demokratieprinzips durch Gewaltenteilung und Rechtsstaatlichkeit

Wie bereits erwähnt, übt das Volk seine Staatsgewalt indes nicht allein durch das Parlament, die gesetzgebende Gewalt, aus. Als Errungenschaft moderner Staatlichkeit gilt gerade auch, die Konzentration der Macht in der Hand eines absoluten Herrschaftsorgans überwunden und an deren Stelle das verbürgte Prinzip der Gewaltenteilung gesetzt zu haben. Die Funktion des auch im deutschen Verfassungstext niedergelegten Gewaltenteilungsprinzips besteht – wie es das BVerfG formuliert hat - darin, die Staatsmacht zu mäßigen und die Freiheit des Einzelnen zu schützen[3]. Darüber hinaus soll es für eine rationale und sachgerechte Organisation des Staates sorgen. Es besteht kein Zweifel, dass etwa die Erfüllung von Rechtsprechungsaufgaben beim Parlament weniger gut aufgehoben wäre als bei spezialisierten Rechtsprechungsorganen.

Gleichwohl bedeutet das Prinzip der Gewaltenteilung einen Verlust an unmittelbarer demokratischer Legitimation in den staatlichen

---

[3] Vgl. BVerfGE 9, 268 (279).

Bereichen, die anderen Organen als dem Parlament überantwortet sind.

Eine Einschränkung des demokratischen Prinzips muss des Weiteren dem in modernen Staaten ebenfalls grundlegenden Rechtsstaatsprinzip zugeschrieben werden. Zunächst mag dieser Befund überraschen. Auf der einen Seite besitzt der Rechtsstaat eine zumindest unterstützende Funktion für die Demokratie, wie etwa an der rechtlichen Normierung demokratischer Entscheidungsverfahren deutlich wird. Dass eine Demokratie ohne die Geltung des Rechtsstaatsprinzips überhaupt möglich ist, kann man kaum annehmen[4]. Bei genauerer Betrachtung ist andererseits die Begrenzung des demokratischen Prinzips durch das rechtsstaatliche nicht zu leugnen. Auch erscheint die Verwirklichung eines Rechtsstaats in einem Staat ohne Demokratie nicht ausgeschlossen. Der Begriff des Rechtsstaats wird häufig so qualifiziert, er bedeute das Primat des Rechts. Diese Formel darf nicht darüber hinwegtäuschen, dass auch so genannte „Unrechtsstaaten" ein Primat des Rechts im Sinne ei-

---

[4] Vgl. aber Heinrich A. Wolff, Das Verhältnis von Rechtsstaats- und Demokratieprinzip, 1998, S. 19, der mit Blick auf die griechische Polis davon ausgeht, theoretisch könne man die Möglichkeit einer Demokratie ohne Rechtsstaat bejahen.

ner Gesetzesbindung kennen[5]. Mit dem Begriff des Rechtsstaats gemeint ist darüber hinaus, dass dem Recht ein besonderer Stellenwert beigemessen wird, der auf verschiedene Weise institutionell und prozedural abgesichert ist. Als Ausprägungen des Rechtsstaats seien hier – ohne Anspruch auf Vollständigkeit und ohne dass die genannten Erscheinungsformen weiter vertieft werden können – genannt: Vorrang und Vorbehalt des Gesetzes, Rechtssicherheit und Vertrauensschutz, der Grundsatz der Verhältnismäßigkeit, der Justizgewährungsanspruch sowie im Strafrecht das Rückwirkungsverbot, das Analogieverbot und die Unschuldsvermutung. Bei diesem Verständnis beinhaltet der Rechtsstaat unverkennbar eine Begrenzung der Demokratie, weil der demokratische Souverän sich nur in den Schranken des Rechtsstaats verwirklichen kann. Ohne rechtsstaatliche Gewährleistungen könnte im Extremfall eine Volksherrschaft – als Diktatur der Mehrheit - nicht weniger freiheitsgefährdende Züge annehmen als eine Despotie[6].

---

[5] Vgl. Heinrich A. Wolff, Das Verhältnis von Rechtsstaats- und Demokratieprinzip, 1998, S. 11; siehe auch P. Kirchhof, Richterliche Rechtsfindung, gebunden an „Gesetz und Recht", NJW 1986 S. 2275 <2280>.
[6] Vgl. auch BVerfGE 49, 89 <125>: „Die konkrete Ordnung der Verteilung und des Ausgleichs staatlicher Macht, die das Grundgesetz gewahrt wissen will, darf nicht durch einen aus dem Demokratieprinzip fälschlich abgeleiteten Gewaltenmonismus in Form eines allumfassenden Parlamentsvorbehalts unterlaufen werden."

III. Ausgestaltung des parlamentarischen Systems nach dem Grundgesetz

Bevor auf das Verhältnis von Demokratie und richterlichen Kompetenzen eingegangen wird, sei zunächst noch etwas zur Ausgestaltung des parlamentarischen Systems nach dem Grundgesetz gesagt.

Die Mitglieder des Parlaments, des Deutschen Bundestags, werden gemäß Art. 38 Abs. 1 GG in allgemeiner, unmittelbarer, freier, gleicher und geheimer Wahl gewählt. Sie sind Vertreter des ganzen Volkes, an Aufträge und Weisungen nicht gebunden und nur ihrem Gewissen unterworfen. Der Bundestag wählt gemäß Art. 63 Abs. 1 GG den Bundeskanzler, der als Regierungschef die zu ernennenden Minister vorschlägt, die Richtlinien der Politik bestimmt und dafür die Verantwortung trägt. Die Bundesregierung hat das Recht zu Gesetzgebungsinitiativen. Gesetzesvorlagen aus der Mitte des Bundestages – insbesondere der Opposition - oder von Seiten des Bundesrates, der von Mitgliedern der Landesregierungen gebildet wird[7], sind ebenfalls möglich, haben aber regelmäßig geringere Erfolgsaussicht. Der Bundestag hat die Kompetenz zum Beschluss der Bundesgesetze. Vom Bundestag beschlossene Gesetze sind – so-

---

[7] Art. 51 Abs. 1 GG.

weit sie die bundesstaatlich begründeten Einspruchs- bzw. Zustimmungshürden, auf die hier nicht näher eingegangen werden kann, genommen haben - vom Bundespräsidenten auszufertigen. Voraussetzung ist lediglich, dass die Gesetze nach den Vorschriften des Grundgesetzes zustande gekommen sind. Der Bundespräsident hat also insbesondere nicht das Recht, ein Gesetz aufgrund eigener politischer Erwägungen aufzuhalten. Die Bundesrepublik ist eine pointiert parlamentarische Demokratie und steht damit im Gegensatz zu Präsidialdemokratien wie Frankreich oder den USA.

Die scheinbare Machtfülle, die sich hieraus für das Parlament ergibt, relativiert sich allerdings aufgrund anderer Merkmale der bundesdeutschen Demokratie erheblich. Vielfach wird die Bundesrepublik Deutschland als „Parteienstaat" gekennzeichnet. Nach Art. 21 Abs. 1 Satz 1 GG wirken die Parteien bei der politischen Willensbildung des Volkes mit. In aller Regel sind die Mitglieder des Bundestages Mitglied einer Partei und nur durch die Nominierung seitens einer Partei in den Bundestag gewählt worden. Die Mehrheitsfraktionen des Bundestages stellen zugleich die Bundesregierung. Wahlen und Abstimmungen im Bundestag verlaufen meist „entlang der Parteigrenzen". Fraktionsdisziplin wird - bisweilen gar offen mit drohendem Unterton - eingefordert. „Abweichler" müssen damit rechnen, nicht erneut für Wahlen zum Bundestag nominiert zu werden. Kommt ein Gesetz mit Gegenstimmen aus den eigenen Reihen zustande, kann das politisch schon als Niederlage gelten. Unter diesen Voraussetzungen lässt sich das von der Verfassung vorgesehene freie Mandat des Abgeordneten nur bedingt verwirklichen. Nur wenn über Gesetzesanliegen entschieden wird, die das Gewissen der Abgeordneten besonders berühren, befreien die Parteispitzen in der Regel ausdrücklich vom „Fraktionszwang". Alles in allem ist zu konstatieren: So berechtigt die Vorstrukturierung politischer Entscheidungsprozesse durch Parteigremien und Fraktionen auch teilweise ist – das BVerfG hat dies mehrfach anerkannt[8] -, sollte man doch bei der folgenden Untersuchung der richterlichen Kontrolle des Gesetzgebers im Hinterkopf behalten, wie der demokratische Willensbildungsprozess – in Einzelfällen auch sachfremd - beeinflusst werden kann. Denn hierin kann ein nicht ganz unerheblicher Anlass gesehen werden, gesetzgeberische Entscheidungen einer externen Kontrolle zu unterwerfen.

---

[8] Vgl. BVerfGE 10, 4 <14>; 102, 224 <239 f.>.

IV. Demokratie und richterliche Kontrolle

1. Institutionelle Grundlagen der Justiz

Die rechtsprechende Gewalt hat im Grundgesetz gegenüber der Weimarer Reichsverfassung aus dem Jahre 1919 eine Aufwertung erfahren. Der Begriff der Gerichtsbarkeit wurde durch den der rechtsprechenden Gewalt ersetzt, womit die Gleichrangigkeit und Eigenständigkeit der dritten Gewalt zum Ausdruck kommen sollte[9]. Nach Art. 92 GG ist die rechtsprechende Gewalt den Richtern anvertraut; sie wird durch das BVerfG, durch die im Grundgesetz vorgesehenen Bundesgerichte und durch die Gerichte der Länder ausgeübt. Gemäß Art. 97 Abs. 1 GG sind die Richter unabhängig und nur dem Gesetze unterworfen. Hiernach verbietet sich jede Einflussnahme seitens des Parlaments oder anderer staatlicher Organe auf die richterliche Tätigkeit. Die Gerichte unterliegen allerdings insoweit demokratischer Kontrolle und sind damit entsprechend demokratisch legitimiert, als eine parlamentarisch verantwortliche, ministeriale Steuerung und hierarchische Kontrolle aller nicht von der richterlichen Unabhängigkeit abgeschirmten Bereiche stattfindet[10]. Nicht zuletzt wird außerdem die Bestellung der Richter von einer ununterbrochenen

---

[9] Vgl. Weber-Grellet, Eigenständigkeit und Demokratisierung der Justiz, DRiZ 2003, S. 303.

[10] Vgl. Berlit, Selbstverwaltung (in) der Justiz und grundgesetzliche Demokratie, DRiZ 2003, S. 292.

Legitimationskette getragen: Die Mitglieder des BVerfG werden je zur Hälfte vom Bundestag und vom Bundesrat gewählt (Art. 94 Abs. 1 Satz 2 GG). Über die Berufung der anderen Bundesrichter entscheidet der für das jeweilige Sachgebiet zuständige Bundesminister gemeinsam mit einem Richterwahlausschuss (Art. 95 Abs. 2 GG). Die Berufung der Landesrichter muss ebenfalls dem Maßstab demokratischer Legitimation genügen[11].

2. Grenzen richterlicher Tätigkeit

Der auf eine der genannten Arten auf demokratischem Wege eingesetzte Richter unterliegt bei seiner Tätigkeit fortan – jedenfalls bei seiner originär richterlichen Tätigkeit - nur geringen Beschränkungen. Vor allem verbirgt sich hinter dem – rechtsordnungsübergreifenden – Gebot der Selbstbeschränkung, des „judicial self-restraint", kein rechtliches Prinzip, sondern ein Appell an die emotionale Ebene richterlichen Verhaltens[12]. Die wichtigste Grenze richterlichen Handelns besteht in der – im Grundsatz ebenso für die vollziehende Gewalt geltenden - Bindung an Gesetz und Recht

---

[11] Vgl. hierzu BVerfG, 1. Kammer des Zweiten Senats, Beschluss vom 4. Mai 1998 – 2 BvR 2555/96 -, NJW 1998, 2590.

[12] Vgl. Wittmann, Self-restraint als Ausdruck der Gewaltenteilung, in: Rill (Hrsg.), Fünfzig Jahre freiheitlich-demokratischer Rechtsstaat, 1. Aufl. 1999, S. 109; siehe auch Kissel, Grenzen der rechtsprechenden Gewalt, NJW 1982, S. 1777 <1784>: Teil der „noblesse de la robe"; kritisch zur Forderung eines judicial self-restraint: Hesse, Grundzüge des Verfassungsrechts der Bundesrepublik Deutschland, 20. Aufl. 1995, Rn. 570.

- 12 -

(Art. 20 Abs. 3 GG). Diese Bindung bildet die sachlich-inhaltliche Legitimation für die Tätigkeit der Gerichte und ist hier strenger auszulegen als im Bereich der verwaltenden Staatstätigkeit. Die Gesetzesbindung genügt bei der Ausübung rechtsprechender Gewalt grundsätzlich – Ausnahmen sind bei der Gewährung vorläufigen Rechtsschutzes anerkannt[13] - nur dann als Legitimationsgrundlage, wenn der Richter über keine eigenen Gestaltungs- oder Ermessensspielräume verfügt[14]. Die strikte Gesetzesbindung bildet das notwendige Korrelat der richterlichen Unabhängigkeit.

Dieser Notwendigkeit muss die Arbeitsmethodik der Rechtsprechung entsprechen. Um Rechtsprechung im funktionellen Sinne handelt es sich nach einer Definition des BVerfG, wenn durch den Gesetzgeber die letztverbindliche Klärung der Rechtslage in einem Streitfall im Rahmen besonders geregelter Verfahren vorgesehen wird[15]. Neben der Ermittlung des entscheidungserheblichen Sachverhalts besteht die Aufgabe des Richters in der Auslegung und Anwendung von Rechtsnormen. Dabei ist zwischen Normen unterschiedlichen Ranges bzw. Charakters zu unterscheiden. Verfassungsrecht steht im Range über den sonstigen Normen, dem so ge-

---

[13] Vgl. Kopp/Schenke, VwGO, 14. Aufl. 2005, § 80 Rn. 152.
[14] Vgl. Papier, Zur Selbstverwaltung der Dritten Gewalt, NJW 2002, S. 2585 (2589).
[15] Vgl. BVerfGE 103, 111 (137 f.).

nannten einfachen Recht. Innerhalb des einfachen Rechts lässt sich eine Unterscheidung zwischen den vom Parlament erlassenen formellen Gesetzen und den im Range darunter stehenden, auf dem Verordnungswege oder als autonomes Satzungsrecht erlassenen Normen treffen. Eine weitere Systematisierung innerhalb des formellen Gesetzesrechts stellt darauf ab, ob eine Norm vor Inkrafttreten des Grundgesetzes im Jahre 1949 oder danach erlassen wurde.

Für die Betrachtung der Auslegungsregeln genügt die Unterscheidung zwischen Verfassungs- und einfachem Recht. Das BVerfG entnimmt dem GG eine Reihe von Vorgaben für die Auslegung des einfachen Rechts. Maßgebend für die Auslegung einer Gesetzesbestimmung ist der in der Norm zum Ausdruck kommende objektivierte Wille des Gesetzgebers[16]. Der vielfach in Gesetzesbegründungen oder an anderer Stelle bekundete Wille der am Gesetzgebungsprozess beteiligten Personen, der so genannte subjektive Wille des Gesetzgebers, bildet lediglich einen Anhaltspunkt für den als bindend – im Sinne von Art. 20 Abs. 3 GG - zu verstehenden objektivierten Willen.

Um die Bedeutung einer Gesetzesvorschrift zu ermitteln, kommen nach verfassungsgerichtlich anerkanntem Verständnis vier

---

[16] Vgl. BVerfGE 105, 135 (157) m.w.N.

Auslegungsmethoden in Betracht, von denen keine einen unbeding-
ten Vorrang genießt. Zulässig ist die Auslegung aus dem Wortlaut
der Norm (grammatische Auslegung), aus ihrem Zusammenhang
(systematische Auslegung), aus ihrem Zweck (teleologische Auslegung) und aus den Gesetzesmaterialien und der Entstehungsgeschichte (historische Auslegung)[17]. Der Wortlaut einer Vorschrift
setzt demnach keine unüberwindliche Auslegungsgrenze. Lediglich
im Strafrecht darf der Wortlaut einer Norm unter keinen Umständen
zu Lasten eines Beschuldigten ausgedehnt oder überspielt werden.
Andererseits ist generell ein eindeutiger Wortlaut nur durch sehr
gewichtige Gegenargumente zu überwinden.

Die systematische Interpretation verlangt dem Normanwender
ab, eine Vorschrift in ihrem Gesamtzusammenhang zu sehen. Hierzu gehört auch, dass nach anerkannten Kollisionsregeln höherrangige Normen den unterrangigen vorgehen, spätere Gesetze ältere
Gesetze gleichen Ranges verdrängen und gleiches für spezielle
Gesetze gegenüber allgemeineren Gesetzen gilt. Bei neueren Gesetzen können die Gesetzesmaterialien eine erhebliche Rolle spie-
len, während deren Wert mit dem im Laufe der Zeit eintretenden
Wandel der tatsächlichen Verhältnisse schwindet.

---

[17] Vgl. BVerfGE 93, 37 (81).

Schließlich und insbesondere sind teleologische Gründe bedeutsam. Wird dies dem Sinn und Zweck einer Norm am besten gerecht, so ist ihr Anwendungsbereich vom Richter im Wege einer teleologischen Reduktion einzuschränken. Besteht umgekehrt für einen Sachverhalt trotz eines Regelungsbedürfnisses keine Vorschrift und ist der ungeregelte mit einem geregelten Sachverhalt vergleichbar, so ist die Lücke im Wege einer analogen Anwendung der Norm zu schließen, wenn dies der objektivierten gesetzgeberischen Intention gerecht wird.

Im Hinblick auf das Rangverhältnis der Normen ist des Weiteren zu beachten, dass niederrangige Normen so auszulegen sind, dass sie den höherrangigen Normen am ehesten gerecht werden. Insbesondere ist bei der Auslegung einfachgesetzlicher Normen, wenn Wortlaut, Entstehungsgeschichte, Systematik sowie Sinn und Zweck mehrere Deutungen zulassen, von denen nur eine zu einem verfassungsgemäßen Ergebnis führt, diese Deutung zu wählen[18].

Wird Verfassungsrecht ausgelegt, so besteht die Besonderheit, dass höherrangige Normen nicht vorhanden sind. Widerstreitende Verfassungsbestimmungen sind so zum Ausgleich zu bringen, dass möglichst beide Normen zu optimaler Wirksamkeit gelangen.

---

[18] Vgl. BVerfGE 93, 37 (81).

3. Rechtsprechende Gewalt und verfassungswidrige Gesetze

Ganz entscheidend für das Verhältnis der Gerichte zum demokratischen Gesetzgeber ist die Frage, wie seitens der Gerichte zu verfahren ist, wenn eine vom Parlament gesetzte Norm mit der Verfassung nicht in Einklang zu bringen ist, also auch nicht im eben genannten Sinne verfassungskonform ausgelegt werden kann.

Verstößt eine untergesetzliche Norm gegen einfaches Gesetzesrecht oder gegen Verfassungsrecht, so kommt den Gerichten eine Prüfungs- wie auch eine Verwerfungskompetenz zu. Prüfungskompetenz heißt, dass die Gerichte jede entscheidungserhebliche untergesetzliche Norm auf ihre Gesetzes- und Verfassungskonformität hin zu untersuchen haben. Die Verwerfungskompetenz verleiht den Gerichten das Recht und erlegt ihnen die Verpflichtung auf, bei erkanntem Verstoß gegen höherrangiges Recht die betreffende Norm im Rahmen der Lösung des zu entscheidenden Streits zwischen den Verfahrensbeteiligten nicht anzuwenden. Im Falle einer vor den Oberverwaltungsgerichten statthaften Normenkontrolle haben die Gerichte die angegriffene Norm sogar allgemeinverbindlich für unwirksam zu erklären[19].

---

[19] § 47 Abs. 5 Satz 2 VwGO.

Bei Parlamentsgesetzen kommt hingegen grundsätzlich aus Gründen der Demokratie eine eigene Verwerfungskompetenz der „einfachen" Gerichte nicht in Betracht. Hier ist eine Normverwerfung – mit einer Ausnahme bei „vorkonstitutionellen" formellen Gesetzen – dem BVerfG vorbehalten.

Unbeantwortet geblieben ist damit bislang, wie sich ein „einfaches" Gericht zu verhalten hat, wenn es von der Verfassungswidrigkeit einer im Einzelfall entscheidungserheblichen Norm überzeugt ist. Bestehen Meinungsverschiedenheiten oder Zweifel über die Vereinbarkeit von Rechtsnormen mit dem Grundgesetz, so kann unter bestimmten Voraussetzungen das BVerfG im Wege eines so genannten abstrakten Normenkontrollverfahrens angerufen werden. Das BVerfG hat eine Sonderrolle und kann kraft Verfassung auch formelle Gesetze für nichtig erklären. Antragsberechtigt sind allerdings lediglich die Bundesregierung, die Landesregierungen oder ein Drittel der Mitglieder des Bundestages.

4. Richtervorlage an das BVerfG

Glaubt sich indes ein Gericht mit einer verfassungswidrigen Gesetzesnorm konfrontiert, so löst das Grundgesetz auch diese Problemlage mit Hilfe eines besonderen Rechtsinstituts auf: mittels des so genannten konkreten Normenkontrollverfahrens. Wenn ein Gericht ein Gesetz, auf dessen Gültigkeit es bei seiner Entscheidung ankommt, für verfassungswidrig hält, so hat es gemäß Art. 100 Abs. 1 GG das Verfahren auszusetzen und die Entscheidung des BVerfG einzuholen. Auf eine Rüge der Verfassungswidrigkeit seitens der Verfahrensbeteiligten kommt es dabei nicht an[20].

Wie bereits dargelegt, gelten dieses Vorlagerecht und diese Vorlagepflicht[21] nur für verfassungswidrige Parlamentsgesetze, nicht hingegen für Normen im Range unterhalb förmlicher Gesetze. Nach allgemeiner Auffassung haben die Gerichte ferner eine eigene Verwerfungskompetenz, wenn es sich um vorkonstitutionelle Gesetze handelt, die der demokratische Gesetzgeber des Grundgesetzes auch nicht nachträglich in seinen Willen aufgenommen hat, denn der Vorbehalt der Normverwerfung durch das BVerfG dient der Wahrung der Autorität des unter der Herrschaft des Grundgesetzes tätig gewordenen, unmittelbar demokratisch legitimierten Gesetzgebers[22].

---

[20] So ausdrücklich § 80 Abs. 3 BVerfGG.
[21] Eine (willkürliche) Nichtvorlage trotz Vorliegens der Voraussetzungen verletzt Art. 101 Abs. 1 Satz 2 GG, vgl. BVerfGE 13, 132 <143>.
[22] Vgl. BVerfGE 68, 337 <344 f.>; 86, 71 <77>; 97, 117 <122>.

Bei der Vorlageberechtigung wird nicht nach der Art des Gerichts unterschieden; es ist daher jeder Richter zur Vorlage verfassungs- widriger Gesetze berechtigt und verpflichtet, sei es ein Gericht erster oder letzter Instanz, ein Einzelrichter oder ein Kollegium. Bei der Formulierung der Vorlagefrage muss das Vorlagegericht besondere Sorgfalt walten lassen. Die Überzeugung von der Verfassungswid- rigkeit muss unter Berücksichtigung der in Literatur und Rechtspre- chung entwickelten Rechtsauffassungen ebenso eingehend begrün- det werden wie die Entscheidungserheblichkeit der Norm im Vorla- gefall[23]. Dabei kann das BVerfG allerdings die Vorlagefrage im We- ge der Auslegung einschränken oder ausweiten[24].

Ist die Vorlage formell zulässig, so entscheidet das BVerfG über die vorgelegte Rechtsfrage – und nur über diese - inhaltlich[25]. Ein zulässigerweise vorgelegtes Gesetz wird vom BVerfG unter allen verfassungsrechtlichen Gesichtspunkten nachgeprüft[26]. Ergibt sich die Verfassungswidrigkeit des Gesetzes, so erklärt das BVerfG die betreffende Norm grundsätzlich allgemeinverbindlich für nichtig[27].

---

[23] Vgl. BVerfGE 77, 259 <261> m.w.N.; siehe auch § 80 Abs. 2 BVerfGG.
[24] Vgl. zur Einschränkung einer Vorlagefrage: BVerfGE 85, 176 <182 f.>, zur Erweiterung einer Vorlagefrage im Wege ergänzender Auslegung: BVerfGE 78, 232 <243> m.w.N.
[25] Vgl. § 81 BVerfGG.
[26] Vgl. BVerfGE 93, 121 <133> m.w.N.
[27] Zur Nichtigerklärung: § 82 Abs. 1 in Verbindung mit § 78 BVerfGG; zur Ge- setzeskraft der Entscheidung: § 31 Abs. 2 in Verbindung mit § 13 Nr. 11 BVerfGG.

Der Gesetzgeber ist sodann regelmäßig gefordert, die Gesetzeslücke durch eine verfassungskonforme Neuregelung zu schließen. Um in bestimmten Fällen eine Rückwirkung seiner Entscheidung zu vermeiden und den Übergang zu einer neuen Rechtslage zu vereinfachen, verfährt das BVerfG häufig so, dass es das vorgelegte Gesetz für mit dem Grundgesetz unvereinbar erklärt und die weitere Anwendbarkeit des verfassungswidrigen Gesetzes für einen bestimmten Zeitraum anordnet[28]. Diese Entscheidungsform ist angebracht, wenn es sonst infolge der Entscheidung zu einem unerträglichen Ausfall von Haushaltsmitteln oder zu einer Rechtslage käme, die noch weiter von der Verfassungskonformität entfernt wäre als das inkriminierte Gesetz. Bei Gesetzen, die gegen den Gleichheitssatz verstoßen, soll es dem Gesetzgeber überlassen werden, eine gleichheitsgerechte Neuregelung in der einen oder der anderen Form vorzunehmen[29]. Das Ausgangsverfahren muss im Falle der Unvereinbarkeitsfeststellung bis zum Inkrafttreten der Neuregelung oder zum Ablauf der gesetzten Regelungsfrist ausgesetzt bleiben[30].

---

[28] Vgl. etwa BVerfGE 109, 190 <191>; 109, 279 <280 in Verbindung mit 381>; die Unvereinbarkeitserklärung hat mit den heute geltenden Fassungen der § 31 Abs. 2 und § 79 Abs. 1 auch Eingang in den Text des BVerfGG gefunden.
[29] Vgl. BVerfGE 22, 349 <361>.
[30] Vgl. BVerfGE 82, 126 <155>.

Hervorzuheben ist, dass dem Gesetzgeber kein Recht einge-
räumt ist, die verfassungsgerichtliche Entscheidung – und sei es nur
für die Vergangenheit oder den konkreten Einzelfall - zu überstim-
men. Die deutsche Verfassung setzt nicht nur in die Verantwortlich-
keit der Vorlagegerichte ein besonderes Vertrauen, sondern räumt
auch dem BVerfG eine starke Stellung ein. Dass sich dieses Modell
bewährt hat, dürfte schon darin seinen Ausdruck finden, dass die
Bundesbürger in Umfragen dem BVerfG als Institution weit mehr
Vertrauen schenken als den politischen Parteien, der Bundesregierung, dem Bundestag, den Kirchen oder der Presse[31].

---

[31] Vgl. Umfrage der Forsa Gesellschaft für Sozialforschung und statistische A-
nalysen mbH, Berlin, 16. März 2006, S. 4, abrufbar im Internet unter der Ad-
resse http://www.alfred-herrhausen-
gesellschaft.de/pdf/Umfrage_forsa_FINAL.pdf : Vertrauen der Bundesbürger in Prozent zum BVerfG 68, zur Presse 43, zur evangelischen Kirche 40,
zur katholischen Kirche 27, zum Bundestag 35, zu den politischen Parteien
17; mehr Vertrauen als das BVerfG genießen nur die Polizei (76 %) und der
Bundespräsident (69 %).